CON GRIN SU CONOCIMIENTOS VALEN MAS

AF141626

- Publicamos su trabajo académico, tesis y tesina

- Su propio eBook y libro - en todos los comercios importantes del mundo

- Cada venta le sale rentable

Ahora suba en www.GRIN.com
y publique gratis

Jesús Antonio Quiñones

La perspectiva sociológica y antropológica de la institución educativa

Funciones y finalidades de un lugar dedicado a la enseñanza-aprendizaje

GRIN Verlag

Bibliografische Information der Deutschen Nationalbibliothek:

Die Deutsche Bibliothek verzeichnet diese Publikation in der Deutschen National-
bibliografie; detaillierte bibliografische Daten sind im Internet über http://dnb.d-
nb.de/ abrufbar.

Dieses Werk sowie alle darin enthaltenen einzelnen Beiträge und Abbildungen
sind urheberrechtlich geschützt. Jede Verwertung, die nicht ausdrücklich vom
Urheberrechtsschutz zugelassen ist, bedarf der vorherigen Zustimmung des Verla-
ges. Das gilt insbesondere für Vervielfältigungen, Bearbeitungen, Übersetzungen,
Mikroverfilmungen, Auswertungen durch Datenbanken und für die Einspeicherung
und Verarbeitung in elektronische Systeme. Alle Rechte, auch die des auszugsweisen
Nachdrucks, der fotomechanischen Wiedergabe (einschließlich Mikrokopie) sowie
der Auswertung durch Datenbanken oder ähnliche Einrichtungen, vorbehalten.

Imprint:

Copyright © 2011 GRIN Verlag GmbH
Druck und Bindung: Books on Demand GmbH, Norderstedt Germany
ISBN: 978-3-656-82724-5

This book at GRIN:

http://www.grin.com/es/e-book/282755/la-perspectiva-sociologica-y-antropologica-
de-la-institucion-educativa

GRIN - Your knowledge has value

Der GRIN Verlag publiziert seit 1998 wissenschaftliche Arbeiten von Studenten, Hochschullehrern und anderen Akademikern als eBook und gedrucktes Buch. Die Verlagswebsite www.grin.com ist die ideale Plattform zur Veröffentlichung von Hausarbeiten, Abschlussarbeiten, wissenschaftlichen Aufsätzen, Dissertationen und Fachbüchern.

Visit us on the internet:

http://www.grin.com/

http://www.facebook.com/grincom

http://www.twitter.com/grin_com

LA PERSPECTIVA SOCIOLÓGICA Y ANTROPOLÓGICA DE LA INSTITUCIÓN EDUCATIVA: FUNCIONES Y FINALIDADES DE UN LUGAR DEDICADO A LA ENSEÑANZA- APRENDIZAJE

SOCIOLOGICAL AND ANTHROPOLOGICAL PERSPECTIVES OF THE EDUCATIONAL INSTITUTION: ROLE AND OBJECTIVES OF A SITE DEDICATED TO THE TEACHING-LEARNING

Volumen 11, Número 1 pp. 1-32

Este número se publicó el 30 de abril de 2011

Jesús Antonio Quiñones

La revista está indexada en los directorios:

LATINDEX, REDALYC, IRESIE, CLASE, DIALNET, DOAJ, E-REVIST@S,

La revista está incluida en los sitios:

REDIE, RINACE, OEI, MAESTROTECA, PREAL, HUASCARAN, CLASCO

LA PERSPECTIVA SOCIOLÓGICA Y ANTROPOLÓGICA DE LA INSTITUCIÓN EDUCATIVA: FUNCIONES Y FINALIDADES DE UN LUGAR DEDICADO A LA ENSEÑANZA- APRENDIZAJE

SOCIOLOGICAL AND ANTHROPOLOGICAL PERSPECTIVES OF THE EDUCATIONAL INSTITUTION: ROLE AND OBJECTIVES OF A SITE DEDICATED TO THE TEACHING-LEARNING

Resumen

El presente ensayo, desarrollado como complemento a las actividades formativas de la Maestría en Educación de la Universidad de la Sabana (Colombia), pretende abordar la institución educativa desde la perspectiva sociológica y antropológica, enfocado en su relación con la sociedad y desde sus finalidades, en la razón de ser propia de un espacio académico dedicado a la enseñanza - aprendizaje y lo que espera la sociedad como resultado de dicho proceso reflejado en la calidad humana y académica de sus estudiantes. Para tal propósito, se mencionan dichas perspectivas de la institución educativa que se encuentran en la tesis dirigida en la Universidad de La Sabana por la investigadora Marina Camargo "clima institucional: las relaciones entre los actores escolares (2008)", en relación con los fines que van más allá del conocimiento enciclopédico: debe incluir al niño, niña o joven en una sociedad organizada, llena de conflictos y hechos para la toma de decisiones, la formación ciudadana y sus implicaciones educativas.

Palabras clave

Institución educativa, finalidad de la institución educativa, perspectiva sociológica , enfoque antropológico.

Abstract

This essay was developed to complement the training activities of the Master of Education at the University de la Sabana, aims to address the educational institution from the sociological and anthropological perspective, focusing on its relationship with society and from their purpose, which are the main goals of an institution dedicated to education - learning and what society expects as a result of this process reflected in the human and academic quality of their students. For this purpose, it mentions these perspectives of educational institution are advised in the thesis at the University of La Sabana by researcher Marina Camargo "institutional climate: relationships between school actors (2008)", in relation to the purposes beyond encyclopedic knowledge: it should include the child or young person in an organized society, full of conflicts and facts for decision-making, civic education and their educational implications.

Keywords
Educational institution, purpose of the school, sociological perspective, anthropological approach.

Introducción

Este documento tiene como punto de partida, la intención de indagar el concepto de la institución educativa que vaya más allá del espacio físico y, dada su complejidad, se interna en dos perspectivas: la sociológica, que se refiere a las funciones que le asigna la sociedad, y la antropológica, porque es un espacio destinado a la enseñanza- aprendizaje que gira en torno a las personas que componen la comunidad educativa. Se considera que este abordaje permite tener un panorama certero y amplio del objeto de estudio del presente artículo, siendo que revisa a la institución educativa desde lo interno y lo externo según sus particularidades.

Por esta razón, el objetivo de este trabajo es que, una vez se ha decidido revisar lo sociológico y lo antropológico, se busque responder a la pregunta ¿ qué es , cómo se compone y conforma la institución educativa?. Es importante visualizar dichos procesos desde el concepto de persona y se debe aprehender algunas propuestas teóricas de distintos autores que acercan al lector a un conocimiento holístico de la institución educativa.

El trabajo se encuentra dividido en tres apartados. Se inicia con una introducción para ubicar el tema que se desarrollará en el artículo. El segundo, se refiere a la institución educativa, las definiciones de distintos autores y el hecho de plantear un abordaje desde lo organizativo y lo socio - cultural. Finalmente, se presentan las conclusiones y la bibliografía utilizada.

Un acercamiento al concepto de Institución educativa

¿Qué es la institución educativa? Una pregunta que aparentemente es sencilla, aunque al intentar resolverla se debe pensar no solo como la estructura física sino en su propia dinámica y es por esto que se debe dar una mirada a todas las perspectivas, representaciones y paradigmas que hay dadas desde su formación y entendidas desde su evolución. Para Sandoval (2008, p. 132), "es el ámbito donde se realiza la acción formativa para posibilitar a la persona crecer, mejorar, perfeccionarse, desarrollarse integralmente y trascender". Si una organización no cumple con las funciones mencionadas, entonces no podría llamarse educativa – agrega la autora.

En el mismo sentido, la autora Marina Camargo en su investigación "Clima Institucional: relaciones entre los actores escolares" (2008) menciona a Señorino y Bonino (2004) quienes afirman que la institución educativa puede entenderse desde siete lugares distintos, así:

- Desde el punto de vista de una *definición ostensiva*, la idea de institución educativa se adecua a la representación del sentido común y lo que acude a la mente es la idea de un edificio o escuela, identificable con claridad y cierta notoriedad por algunas características presentes y visibles en su infraestructura.

- En un *sentido negativo*, la institución educativa se define por contraposición a ciertas actividades e instituciones de las que quiere tomar distancia: no es asistencialismo ni política ni mercado.

- Una definición de *carácter intrínseco e inmanente* permite entender la institución educativa a partir de la función inherente que cumple o de los rasgos distintivos y estrictamente educativos que quieren destacarse, como por ejemplo la eficacia y la calidad.

- Desde un punto de vista *extrínseca o contextual*, una institución educativa procede de principios no necesariamente inherentes al objeto o función de que se trata sino más allá de ello, a la comprensión de una realidad que abarca contextos o marcos más amplios de la realidad cultural en los que se desempeña, aunque no puede aportar nada de sí para modificar las estructuras sociales, lo que reduce la institución a un problema de la estructura económica e ideología dominantes.

- En forma *nominal o verbal* –llamada de diccionario- la institución educativa se define por sus sinónimos, y por esa vía se asimila a organización, en cuanto se entiende por ella cada una de las muchas organizaciones del estado nación e igualmente se le entiende como instrucción, educación o enseñanza.

- Normativamente, en el *deber ser*, la institución

4

educativa se entiende en los términos establecidos por la constitución y las leyes en una perspectiva utópica que no necesariamente tiene en cuenta la experiencia.

• La definición *esencialista*, por último, entiende por institución educativa aquella función para lo que fue creada como tal institución: educar, formar.

La cita anterior indica que es necesario indagar en las circunstancias propias del **ser, el deber ser** y **el tener que ser** referidas a las funciones y finalidades de la institución educativa. Esto quiere decir que más allá del espacio físico, la sociedad le asigna unas funciones específicas, así mismo espera obtener unos resultados en cada colegio, escuela o instituto, que se verá demostrado en una mejor sociedad. En este sentido, cabe preguntarse si es adecuado que se le asigne gran parte de la responsabilidad en la formación humana y académica de los y las estudiantes. Una discusión interesante que debe incluir a otras instituciones sociales tales como la familia o averiguar si la institución educativa de hoy realmente cumple con los requerimientos de la sociedad actual.

Con respecto a la institución educativa según lo que tiene que ser, varios autores consideran la institución educativa como una organización, aunque no todos la entienden de la misma manera. Según Hoyle (1996:25 -1986:1, en Bardisa, 1997, p. 65) una organización de forma tradicional es un tipo de unidad característica que lo distingue de "los diferentes tipos de unidad social, como familias, grupos de pares, tribus, comunidades y estados nacionales" con objetivos y tareas específicos -clara división del trabajo, bien estructurada, autoridad legítima que inviste a ciertos miembros y un conjunto de procedimientos de gestión - que redundará en su funcionamiento eficaz.

Igualmente, para Albornoz (2002, p. 34), "La institución educativa es una particular modalidad de interacción de un grupo humano", lo que permite considerarla como un conjunto de personas con un interés fundamental y concurrente para reunirse en ella, aunque con intereses específicos, valores, motivaciones, historias de vida y concepciones de mundo diversas, singulares y no siempre coincidentes. Sin embargo, el hecho de hacer parte de la institución educativa permite ver a este grupo en forma compatible, en cuanto forma parte de una misma cultura y, por consiguiente, comparte ciertos rasgos y maneras de actuar. Por ello, es posible comprender, analizar e interpretar los fenómenos que comparten en términos de la misma unidad.

Las definiciones dadas por los dos autores anteriores contrastan entre sí porque se cuestionan si la institución educativa es una organización , con finalidades y funciones específicas, o si su énfasis debe ser lo humano y el grupo de personas que la componen, que incluye estudiantes, docentes, padres de familia y la comunidad en general que rodea a la escuela, colegio o instituto. Luego del análisis, es evidente que la organización es importante sin que esto signifique el olvido de sus fines y el centro de su razón de ser, la persona que se está educando en un proceso formativo, pedagógico, académico y convivencial.

De otra parte, desde el deber ser de la institución educativa, para Camargo (2008, p. 47), "la institución educativa es un concepto sociológico que intenta captar un fenómeno histórico, mediante el cual las sociedades han generado procesos educativos para satisfacer las necesidades de conocimiento y de vinculación con la sociedad por parte de las generaciones que así lo requieren". Luego, corresponde a la necesidad fundamental de socializar o formar a los individuos de una sociedad, como práctica estructurada. Igualmente, para la misma autora, "la institución educativa es un espacio construido a través de imaginarios y representaciones, pero también se constituye en el espacio de articulación de lo viejo con lo nuevo, el espacio de la filiación simbólica", donde se distribuye lo que Bourdieu (1998, p. 8) llama el capital cultural, se fortalecen los vínculos sociales mediante la circulación de saberes, su reproducción y transformación con el dispositivo pedagógico que la caracteriza y la vinculación, adaptación e integración de los individuos a la sociedad [1].

Otro aspecto importante a considerar en términos de aclarar el significado de institución educativa, desde el punto de vista simbólico y representacional, es su capacidad de incluir en la mente de las personas, a su paso por ella, los comportamientos institucionalizados de la sociedad, bajo la forma de valores, normas, reglas, preceptos o convencionalismos sociales (Camargo, 2008, p. 49). Ello no sucede de manera homogénea ni estandarizada, precisamente porque en este proceso también están comprometidas las características y la actividad de los individuos al hacer parte de la institución y participar en su construcción. Por ello, la institución educativa logra que el individuo se ligue a la sociedad de muy diversas

---

1. Esta perspectiva Bourdeiana infiere que la institución educativa es un auténtico espacio que reproduce nuevos saberes, al mismo tiempo que conserva las tradiciones y las enseñanzas de generaciones anteriores; igualmente, prepara a los niños, niñas y jóvenes para los desafíos de la sociedad en la cual deben vivir y convivir con otros.

maneras que no dependen totalmente de ella pero en la que ejerce un papel intencional fundamental.

Aunque la institución educativa no se asimila a unos recursos materiales e instalaciones físicas, sí puede decirse que en forma concreta y material se entiende como el espacio físico y simbólico, bien demarcado, en que se lleva a cabo la acción educativa, regida por unas reglas determinadas para su funcionamiento (en el caso colombiano, una legislación educativa particular y el PEI), en la cual los integrantes establecen diferentes formas de relacionarse entre sí, de acuerdo a sus roles, funciones, formación, concepciones, historias, edad y demás características personales y sociales que influyen en la interacción. Así lo entiende Fernández (1994, p. 45):

> La escuela como "...establecimiento institucional es una unidad social compleja constituida por un conjunto de grupos que se mueven en un espacio material común; funcionan de acuerdo a ciertas metas y programas, obtienen resultados que le significa relaciones de interacción con el medio y hacen todo eso a través de una organización y funcionamiento..."

Las perspectivas de análisis de la institución educativa, que permiten recoger su complejidad, postulan de manera general su estudio como unidades con sentido en sí mismas. La aproximación a la institución educativa tiene en cuenta supuestos, énfasis y categorías diferentes que configuran puntos de vista o perspectivas como los que se destacan a continuación. Dichos planteamientos se encuentran en la tesis dirigida en la Universidad de la Sabana por la investigadora Marina Camargo "Clima y cultura institucional (2008, p. 78)":

> Desde el punto de vista estructural, "la institución educativa puede ser vista en dos sentidos que permiten entender su manera de ordenarse e integrarse: en cuanto se relaciona con la sociedad que le impone características determinadas por esa pertenencia, al extremo que podría postularse que las instituciones educativas repiten a nivel micro a las sociedades en cuanto a sus formas de constituirse y funcionar".

Volumen 11, Número 1, Año 2011, ISSN 1409-4703

En el segundo sentido, las instituciones educativas pueden entenderse como "estructuras a cuyo interior funciona la vida colectiva mediante la realización de las actividades y tareas que realizan los actores. Estas actividades, a su vez, están dotadas de sentido y desempeñan un papel fundamental en el logro de los objetivos asignados por la sociedad a la institución educativa". (Camargo, 2008, p. 78)".

Adicionalmente, se llevan a cabo las actividades mediante

"el relacionamiento entre los actores, en lo que podría considerarse sistemas de redes sociales, grupos y colectivos, a distinto nivel de formalidad. Las relaciones sociales se inscriben en el marco de jerarquías derivadas de los distintos niveles de autoridad que ostentan los actores en la institución así como de los poderes que mueven, teniendo en cuenta la diversidad y variedad de características individuales y sociales de los actores acorde con la valoración asignada dentro de la institución" (Camargo, 2008, p. 43).

Los autores que intentan tipificar estas relaciones las refieren como más o menos colaborativas o de oposición, más o menos autoritarias o democráticas, más o menos horizontales o verticales, más o menos integradas o en conflicto. Finalmente, "el medio ambiente físico y temporal se constituye en aspectos centrales de esta concepción de las instituciones educativas desde el punto de vista estructural" (Camargo, 2008, p. 45).

Desde el punto de vista cultural,

"las instituciones educativas son identificables y diferenciales de otras instituciones de la sociedad, al tiempo que en cada una de ellas están presentes estos aspectos de la cultura. Los valores que comparten los actores que se encuentran dentro de ellas en torno a la formación, a la pedagogía, al aprendizaje y a las áreas de conocimientos, entre otros, hacen pensar que comparten un universo de sentido"(Camargo, 2008, p. 43).

Sin embargo, ello no significa que por compartir ese amplio horizonte todos los actores realicen sus acciones en forma idéntica o generen resultados iguales de su actuar. Esta forma de ver las instituciones educativas representa por una parte, una característica relativamente estable fruto de la historia, y en ella, de la interacción de la escuela con la sociedad, la cultura, las políticas educativas y la diversidad de actores que pasan por ella y por otra una variedad de formas de constituirse la institución que, hace que se concrete o materialice en espacios siempre únicos y diferentes.

Volumen 11, Número 1, Año 2011, ISSN 1409-4703

Por tanto, la institución educativa no es ajena a las personas que la integran como si existiera un cuerpo de teorías y principios homogéneos y estándares para reconocer todas las organizaciones. Por el contrario, los valores, creencias y costumbres de las personas dan vida a las instituciones escolares permitiendo aceptar que sus estructuras no son inmutables en el tiempo y en el espacio (Bardisa, 1997, p. 8). Lo dicho significa que las organizaciones son objetos de la cultura que adquieren el significado y sentido de quienes las integran. "Por tanto, se reconoce su existencia en cuanto definiciones, interpretaciones y manejo de las situaciones por parte de los actores sociales" (Ball, 1989, p. 8).

Esta perspectiva representa un cambio respecto a los modelos estructuralistas que destacan el orden y la integración en la institución escolar, pues el orden escolar está en proceso de negociación política permanente de acuerdo con los diferentes intereses, las características del intercambio, la influencia y el poder. De esta manera, las instituciones escolares son campos de lucha, donde los conflictos son su característica natural por cuanto ayudan a promover el cambio institucional, y ello conduce a entenderlas como arenas de actividad política.

La corriente del análisis institucional y de la pedagogía institucional definen a la institución educativa como una institución social, cultural, simbólica e imaginaria caracterizada por imprimir su sello en el cuerpo, el pensamiento y la psique de cada uno de sus miembros (Butelman, 1996). Dicho de otra manera la institución educativa es definida "como la forma que adopta la reproducción y la producción de las relaciones sociales en un momento dado de producción, así como el lugar en que se articulan las formas que adoptan las determinaciones de las relaciones" (Lapassade y Lourau, 1974, p.198-199).

Desde el punto de vista cultural, las instituciones educativas ofrecen una cultura particular (valores, normas, ritos, acciones, símbolos, actitudes y productos) que influyen en las actitudes de sus miembros y contribuyen a que se garantice la función social asignada a la institución. Los símbolos, a su vez, dan identidad a los miembros de la institución y también otorgan un sentido a la vida que experimentan a su interior. Por último, como imaginario, la institución educativa permanece en el tiempo porque satisface una necesidad, llena un vacío y resuelve una problemática de la existencia humana, en el marco de los valores de la sociedad en un determinado momento socio histórico.

Ahora, para mencionar las finalidades de la educación, es pertinente preguntar si existe un número establecido de finalidades en la escuela, colegio o universidad. Es una institución cuyas finalidades incluyen la enseñanza- aprendizaje, el crecimiento personal, el aprendizaje social, entre otros.

"En relación a los objetivos de la educación, educación como el proceso mediante el cual al hombre se le forma y se le conduce hacia el logro [es un] error de la educación el olvido de los fines, el compromiso con la perfección de los medios y métodos educativos se desvirtúan los fines de la educación" (Maritain, 2008, p. 94).

Es decir, la formación académica es necesaria y la razón de ser de la escuela, la cual no debe descuidar el ser humano en formación social, interpersonal, la persona que necesita ser orientada y que a veces percibe el interés de la escuela por la academia, descuidando otros aspectos no menos importantes.

Para Sandoval

"la institución es educativa si cumple con la finalidad de formar, de educar; si su actividad productiva, la enseñanza, se orienta a suscitar el obrar feliz del educando, lo ético, si no, no es educativa. Recordando que las personas formadas son las llamadas a transformar la sociedad, convulsionada y conflictiva en estos tiempos [...] No es correcto que las instituciones educativas den más importancia a lo académico en detrimento de lo formativo.". (2008, p. 75),

Para la misma autora (2008) en su concepto de la teleología de la actuación humana:

" Todo lo que el ser humano hace es el fin de su actuación. El educando y sus motivaciones personales deben conjugarse con lo diverso de la institución escolar. La finalidad no puede ser el fin parcial, la poíesis, debe ir más allá, a la práxis, a la verdadera formación. El fin final de la educación es la felicidad humana. Y se logra cuando se presenta la vida buena y la vida lograda. Es la formación que promueve la enseñanza, y es el verdadero obrar feliz". (p. 14)

La mirada sociológica de la institución educativa

En la tesis dirigida en la Universidad de La Sabana por la investigadora Marina Camargo "clima institucional: las relaciones entre los actores escolares (2008)" se estudian las funciones que le asigna la sociedad (lo sociológico) y las finalidades que le son implícitas por su naturaleza (lo antropológico).

Desde el punto de vista estructural,

la institución educativa puede ser vista en dos sentidos que permiten entender su manera de ordenarse e integrarse: **en cuanto se relaciona con la sociedad** que le impone características determinadas por esa pertenencia, al extremo que podría postularse que las instituciones educativas repiten a nivel micro a las sociedades en cuanto a sus formas de constituirse y funcionar (Camargo, 2008, p. 46).

La institución educativa es un concepto sociológico que intenta captar un fenómeno histórico, mediante el cual las sociedades han generado procesos educativos para satisfacer las necesidades de conocimiento y de vinculación con la sociedad por parte de las generaciones que así lo requieren. La necesidad fundamental de socializar o formar a los individuos de una sociedad, como práctica estructurada, corresponde así a la institución educativa (Camargo , 2008, p. 47).

Esta información se relaciona con el enfoque de socialización de Apple (1997, p. 21)

que se interesa en la exploración de valores y normas que la escuela enseña, pero se centra en cómo las escuelas socializan a los alumnos en la aceptación de un conjunto de habilidades, normas y actitudes socialmente establecidas, incuestionables y necesarias para el buen funcionamiento y consenso social

Igualmente, Durkheim (1990) citado por Abril (2004, p. 53) escribió que

la educación consiste en la socialización metódica de la joven generación, el formar el ser social en cada uno de los individuos es el fin de la educación". No veo en ello una oposición individuo - sociedad, sino que la educación logra conjuntar e implicar mutuamente los dos componentes: educándose al individuo se socializa y se individualiza, encuentra su humanidad .

La escuela actúa como agente de socialización, compartiendo funciones (a veces en paralelo y a veces en contraposición) con la familia, el grupo de iguales, los medios de comunicación (especialmente la televisión, los computadores y la telefonía móvil), las nuevas tecnologías de la información y la comunicación, entre otras instancias de socialización. "La escuela funciona como agente de socialización dentro de una red de instituciones amplias " (Delval, 1993, p. 3).

Esto quiere decir que la escuela es un complejo espacio de socialización en todos los espacios propios de la institución educativa: en el aula de clase, en el patio de recreo, en la sala de profesores. Allí se conocen a otros iguales, se intercambian opiniones y se establecen vínculos de amistad, compañerismo y amor hacia otros. Igualmente, la escuela de hoy , como un espacio que reproduce la sociedad actual, está compitiendo con otros escenarios que pueden ser aún más atractivos para el educando: la tecnología, las redes sociales, la televisión. Esto vuelve complejo el escenario de socialización en la institución educativa.

Luego, se está hablando de una escuela que como tal desarrolla una actividad pedagógica, que en términos de Durkheim (1976, p. 89) "propicia una actividad de "socialización" y una "actividad social". Como socialización, hace referencia al proceso de construcción de la identidad individual y a la organización de una sociedad; como actividad social, se refiere a los diversos modos de pensamiento que constituyen la coherencia social. La escuela es el lugar de los niños, niñas y jóvenes educables, en especial porque en su interior se proyectan las acciones formativas necesarias para su desarrollo y socialización. "La escuela es un referente de viajes que se inician desde la temprana edad para el individuo, un espacio donde se referencian las obsesiones más dramáticas y se subliman las aspiraciones al deseo" (Zambrano, 2000, p. 52).

En términos de Durkheim (1976, p. 89), "la escuela es un lugar donde además de preparar a los individuos para que hagan parte de la sociedad que los ha acogido, los responsabiliza de su conservación y de su transformación". Esta transformación ha de evidenciarse en la estructuración de nuevas prácticas culturales del reconocimiento del otro, en la construcción de argumentos colectivos de inclusión de la diferencia y en la constitución de marcos comunes para vivir la equidad.

Luego, educar en esta perspectiva es introducir a las nuevas generaciones en los patrones culturales de la sociedad y prepararlos para su recreación. De esta forma, la escuela no sólo socializa y educa para la vinculación de los sujetos a las redes de sentidos sociales, sino que, al mismo tiempo, "los ayuda a implicarse en la construcción de nuevos patrones culturales mediante los cuales movilizar sus prácticas de relación, sus sentidos valorativos, sus sentires y formas de pensar" (Abril, 2004, p. 89).

Entonces, la misma sociedad se construye en la institución educativa; es

"un espacio construido a través de imaginarios y representaciones, pero también se constituye en el espacio de articulación de lo viejo con lo nuevo, el espacio de la filiación simbólica, se fortalecen los vínculos sociales mediante la circulación de saberes, su reproducción y transformación con el dispositivo pedagógico que la caracteriza y la vinculación, adaptación e integración de los individuos a la sociedad" (Camargo, 2008, p. 50).

Ello no sucede de manera homogénea ni estandarizada, precisamente porque en este proceso también están comprometidas las características y la actividad de los individuos al hacer parte de la institución y participar en su construcción. Por ello, la institución educativa logra que el individuo se ligue a la sociedad de muy diversas maneras que no dependen totalmente de ella pero en la que ejerce un papel intencional fundamental.

En definitiva, la escuela como organización hay que contemplarla desde su propia funcionalidad en el marco social y, por tanto, desde los modos como ejerce su rol socializador. Por este motivo, la preocupación fundamental, a partir de estos puntos de vista, se desplaza hacia los significados propios de los elementos de la escuela, dentro de los parámetros establecidos que se definen para cada situación.

La finalidad de la institución educativa

En el segundo sentido, las instituciones educativas pueden entenderse **desde sus finalidades** como "estructuras a cuyo interior funciona la vida colectiva mediante la realización de las actividades y tareas que realizan los actores. Estas actividades, a su vez, están dotadas de sentido y desempeñan un papel fundamental en el logro de los objetivos asignados por la sociedad a la institución educativa" (Camargo, 2008, p. 56). Al respecto, Sandoval (2008, p. 82) hace una mención al enfoque antropológico de la institución educativa, es decir, desde sus finalidades, escribiendo que

el enfoque antropológico inicia y termina en la persona y los principios y fines que mueven la organización, centrado en la acción humana con normas como principios que rigen el obrar humano y en la organización educativa tiene como propósito ayudar a formar las personas, por tanto, se dedica a atender en forma directa e indirecta al ser humano en cuanto tal. La acción del educador influye en él mismo y en las demás personas afectadas por sus decisiones plenificándolo, y se caracterizan por orientar su quehacer por principios, por el ideal institucional más allá o no solo por los resultados.

Esto es lo que específicamente le da la pertinencia al enfoque antropológico en la institución educativa: la acción humana, el interés por el otro, el educando y el educador, que son lo más importante en la institución educativa.

Para Bouché (2002, p. 45),

de la concepción que tengamos del hombre deriva la idea de los fines a conseguir en la educación (personales o sociales, ideales o materiales, etc.), la posibilidad de lograrlos (mayor o menor educabilidad del ser humano, mayor o menor dificultad de la educación) los medios de conseguirlo (métodos adecuados a la psicología del educando, encajando con el funcionamiento de éste)

Por lo tanto, el ser humano es el centro alrededor del cual debe girar la acción educativa. Si se entienden sus motivaciones, sus necesidades e intereses, su etapa de vida en cuanto a la edad, entre otras situaciones, se lograrán los fines de la educación: formar al hombre y a la mujer en ciudadanía mientras va adquiriendo conocimiento necesario y pertinente.

Por ello, antes de adentrarse en las finalidades, es pertinente mencionar que todo gira alrededor de la persona, de su esencia como ser humano, de su trascendencia para su entorno y los valores que posee por el hecho de existir. En este aspecto, Simancas (2005, p. 21) propone los fundamentos antropológicos que permiten entender la finalidad de la institución educativa; dichos conceptos están centrados en la persona, sus valores y la importancia de la libertad como principio fundamental del ser humano:

> **La persona como centro de la educación.** Si no sabemos con claridad qué es la persona humana, cuáles son los caracteres o notas que lo constituyen en cuanto tal, malamente vamos a poder educarnos y muy difícil será que podamos ayudar a otras personas en su educación.
>
> **La unidad e integridad.** La naturaleza de la que participa la persona se entiende como compuesto de materia y espíritu, de cuerpo y alma, en perfecta unidad, como una totalidad compuesta y no como dualidad en términos metafísicos. Queda así muy clara también la noción de integridad, que no consiste en otra cosa que en la posesión, por entero, de todas las propiedades de una cosa, sin que le falte nada de lo que le corresponde por naturaleza.

La singularidad. Lo característico de la persona es que en ella se singulariza la naturaleza racional que es la esencia de la especie humana, puesto que la esencia es lo que hace que una cosa sea lo que es, distinguiéndose de las demás. Por tanto, la nota de singularidad es un rasgo constitutivo de la persona. Ser singular es sinónimo de ser único, original, distinto de los demás.

La apertura. La persona pertenece a la sociedad de los humanos, con quienes mantiene un vínculo permanente por naturaleza, y a quienes se abre por una relación eminentemente natural, por medio de su innata sociabilidad, a la que llamamos aquí apertura.

La capacidad de autodeterminación: la libertad. La libertad se deriva de la racionalidad, de nuestra capacidad de pensar (el entendimiento, la razón) y de nuestra capacidad de querer (la voluntad). Precisamente llamamos actos humanos a los que proceden de la reflexión y de la decisión, esto es, a los actos voluntarios.

Así mismo, Simarcas (2005, p. 48) menciona tres elementos esenciales en el proceso educativo:

El principio de crecimiento personal. Orienta todo lo relativo a la autotarea de realizarse la persona como un todo unitario y en todas sus notas, facetas o dimensiones.

El principio de intervención educativa. Orienta la intervención del educador como relación de ayuda basada en la autoridad potenciadora del autodesarrollo del educando y la respuesta del educando, por su libre adhesión a la ayuda del educador.

El principio de cooperación. Orienta las acciones del educador y educando, la actuación o tarea compartida entre ambos, de modo más pleno de ambas partes durante el proceso de ejecutar u operar, cada uno lo que a cada uno corresponde, hasta llegar a dar lo más pleno y más valioso de sus personas.

Igualmente, para mencionar las finalidades de la educación, es pertinente preguntar si en tal sentido existe un número establecido, dado que es una institución cuyas finalidades incluyen la enseñanza - aprendizaje, el crecimiento personal, el aprendizaje social, entre otros.

"En relación a los objetivos de la educación, dada como el proceso mediante el cual al hombre se le forma y se le conduce hacia el logro, es un error de la educación el olvido de los fines, el compromiso con la perfección de los medios y métodos educativos que desvirtúan los fines de la educación" (Maritain, 2008, p. 60).

La formación académica es necesaria y es la razón de ser de la escuela, aunque no debe descuidar el ser humano en formación social, interpersonal, la persona que necesita ser orientada y que a veces percibe el interés de la escuela por la academia, descuidando otros aspectos no menos importantes.

No obstante, dichas funciones no pueden medirse en un grado de exactitud tal que verifique que el proceso es llevado con éxito. Para Santos Guerra (2000, p. 75)

"La escuela es una institución con fines ambiguos e, incluso, contradictorios. Cuando se pide a la escuela que prepare a personas que sean creativas, críticas, libres, participativas, solidarias, se está expresando un deseo que tiene una concreción compleja y ambigua. ¿qué es una persona crítica? ¿Cómo actúa una persona creativa? ¿Cómo se puede saber si una persona ha conseguido ser libre?",

Luego, la naturaleza de la educación, entre otras, "tiene como uno de sus centros la de formar en el intercambio racional, promover cierta racionalidad comunicativa que permita arbitrar, resolver conflictos y también mecanismos para formar ciudadanos en una sociedad de convivencia pacífica" (Carrasco, 2006, p. 49). Es en ese momento cuando los y las estudiantes obtienen el conocimiento que les permitirá resolver los problemas de la vida misma y les dará elementos de juicio para que tomen decisiones acertadas mediante el correcto uso de su libertad. Si la escuela logra este propósito, entonces será aquella que forma a las personas.

La actuación educativa como praxis, lejos de objetivar al hombre, lo contempla desde una posición permanente de trascendencia, en la medida en que es capaz de otorgar sentido a lo producido, y desde una de apertura, lo que permite entenderlo siempre con referencia a la persona que no es única en el mundo, ya que existen otras personas con las que hay que contar" (Sandoval, 2008, p. 46).

Luego, queda claro que las finalidades de la educación se centran en la persona, en aquel que educa y es educado. A este último le corresponde crecer como persona "a lo largo de la vida. O lo que es igual: educarse" (Simancas, 2005, p. 41). El mismo autor propone cuatro aspectos que debe lograr la institución educativa en la persona que educa y éste a su vez durante su etapa de escolaridad:

Crecer en unidad y coherencia, en integridad. Crecer es dar de sí al máximo como personas íntegras, enteras, de una pieza. Como personas con una unidad interior que se exterioriza, como consecuencia lógica, en la unidad y coherencia de sus vidas. Personas que aprenden a discernir primero, a estudiar después, y finalmente a hacer suyas, interiorizándolas, un conjunto de verdades o realidades valiosas, ricas, humanas y trascendentes.

Crecer en personalidad. Es también la tarea de crecer en riqueza interior, en intimidad personal, cultivando la propia singularidad irrepetible que somos cada uno. Crecer en nuestra capacidad de iniciativa y de creatividad, que desemboca en proyectos llenos de ilusión que exigen ejercer el pensamiento y los actos propios de la voluntad, poniendo también en ellos el corazón, la afectividad, nuestros más nobles sentimientos.

Crecer en solidaridad. Crecer es también desarrollar nuestra solidaridad, nuestra capacidad de apertura. Esa capacidad que tenemos de darnos a los demás en comunicación, en participación, tomando parte en esa aventura solidaria en la que consiste la vida, con amor, en ese intercambio de influencias naturales con las que crecemos cada uno y podemos ayudar a crecer a tantos y tantos: a todo ser humano que precise de nuestra ayuda.

Crecer en capacidad de autodeterminación, de compromiso, crecer en libertad. Crecer es aprender lo más decisivo de la vida: el recto uso de la libertad, ese atributo esencial de nuestra dignidad humana que es el que hace posible todo crecimiento perfectivo en cualquier dirección. Llegar a ser el que es, y al máximo, supone autodeterminarse, comprometerse a crecer personalmente para poder aportar lo mejor de nosotros a la sociedad, ayudando a otros muchos, solidariamente, en su propio desarrollo.

Así mismo, Maritain (2008, p.59) menciona cinco disposiciones fundamentales que la institución educativa debe fomentar:

Primero, **Hacia el amor y la justicia,** que es la tendencia primaria de cualquier naturaleza intelectual.

Segundo, **Hacia el amor por el bien y la justicia,** incluso hasta llegar al heroísmo, como es tan natural en los niños y las niñas.

Tercero, **la disposición que podría llamarse simplicidad y apertura con respecto a la existencia.** Es la actitud de un ser que existe satisfecho, que no tiene vergüenza de existir, que se mantiene de pie en la existencia, para quien ser limitado y aceptar las limitaciones naturales de la existencia son cuestiones de simple consentimiento.

Cuarto, **el sentido del trabajo bien hecho**, porque, junto con la actitud hacia la existencia, no hay nada más básico en la vida física del hombre que la actitud hacia el trabajo.

Quinto, **el sentido de la cooperación**, que es tan natural y tan integrada en nosotros como la tendencia a la vida social y política.

Conclusiones

El camino acertado para definir a la institución educativa es centrar el análisis alrededor de la persona que en la escuela, colegio o instituto se refiere a toda la comunidad educativa , incluso a la que rodea a la institución. La definición que se busca dista de nombrar a un edificio o a una serie de aulas especializadas: la escuela gira, es y debe fijar sus objetivos en las personas.

Al respecto, las finalidades de la institución educativa se conjugan en múltiples posibilidades que van desde lo que exige el contexto histórico en el que se realiza la acción educativa (influencia externa) hasta lo que ocurre al interior del establecimiento educativo: allí se establecen relaciones interpersonales con otros iguales o se establecen nexos con las personas adultas. Además, cada espacio de la escuela ofrece diferentes posibilidades: el aula de clase, el patio de recreo, la ruta escolar. En cada uno de estos lugares, los y las educandas están aprendiendo mientras se socializan y conocen a otros.

Luego, es claro que la institución educativa tiene otros fines más allá del conocimiento enciclopédico: debe incluir al niño, niña o joven en una sociedad organizada, llena de conflictos y hechos para la toma de decisiones. Es la inserción paulatina a la vida real.

Ahora bien, mientras que la institución educativa cree al ambiente adecuado para que los seres humanos liberen, aprendan y compartan lo mejor de ser persona cuando están reunidos con otros iguales, entonces será una escuela, colegio o instituto en el cual se percibe el enfoque antropológico que se centra en la persona como lo más importante: la escuela debe enseñar a ser libres, a cooperar en el trabajo en equipo, a a actuar con justicia y solidaridad. Todo esto tiene un aspecto en común: son situaciones que enaltecen al ser humano tanto individual como colectivamente, lo cual es una de las finalidades más importantes de la institución educativa.

Finalmente, el aporte de la mirada sociológica de la institución educativa debe partir del significado que tiene la relación entre una persona y "el otro", ese ser humano que participa con otros en sociedad, que requiere de buenos ciudadanos. Así mismo, desde la mirada antropológica y las finalidades de la escuela se percibe su pertinencia en el momento que estamos viviendo, donde el poder económico y de mercado predomina, lo cual ha hecho que se requiera recordar y reflexionar sobre cuales son los fines legítimos de la educación y de manera que se resalten los valores que se requieren desarrollar para tratar de alcanzarlos.

REFERENCIAS

Abril, David. (2004). Prácticas escolares y socialización: la escuela como comunidad. Estudio etnográfico sobre la naturaleza diversa de las prácticas escolares en una escuela y su desigual influencia en la socialización escolar. Universidad Autónoma de Barcelona, Barcelona.

Albornoz, Oscar. (1981). Sociología de la educación. Caracas: Universidad Central de Venezuela.

Apple, Michael. (1997). Escuelas democráticas. Madrid: Morata.

Ball, Sill. (1989). La micropolítica en la escuela: hacia una teoría de la   organización escolar. Barcelona: Paidós.

Bardisa, Tomás. (1995). De aquí y de allá: textos sobre la institución educativa y s   u dirección. Buenos aires: kapelusz.

Bouché, Paul. (2002). Antropología de la educación. Madríd: Síntesis.

Bourdieu, Pierre. (2007). Capital cultural, escuela y espacio social. México: siglo XXI.

Butelman, Ida. (2005). Pensando las instituciones. Barcelona: Paidós.

Camargo, Marina. (2008). Clima Institucional: relaciones entre los actores escolares. Universidad de la Sabana, Chía, Colombia.

Carrasco, Bernardo. (2007). Cómo personalizar la educación. Una solución de futuro. Madrid: Narcea.

Delval, José. (1990). Fines de la educación. Madrid: Siglo XXI.

Fernández, Ernesto. (2003). Sociología de la educación. Madrid: Pearson.

González, José. (2005). Tres principios de la acción educativa. Madrid: Eunsa.

Lapassade, George. (2007). Grupos, organizaciones e instituciones. Madrid: Gedisa.

Maritain, Jacques (2008). La educación en la encrucijada. Madrid: Astor.

Sandoval, Luz. (2006). El ser y el hacer en la organización educativa. Educación y educadores, vol. 9, 33-53. Recuperado el 8 de diciembre de 2008 de la base de datos dialnet.

Santos, Miguel. (2000). La escuela que aprende. Madrid: Morata.

Zambrano, Marina . (2000). Filosofía y educación: la realidad. Málaga: Ágora.